O Aeronauta

Cecília Meireles

O Aeronauta

Apresentação
Ivo Barroso

Coordenação Editorial
André Seffrin

São Paulo
2014

© Condomínio dos Proprietários dos Direitos Intelectuais de Cecília Meireles
Direitos cedidos por Solombra – Agência Literária (solombra@solombra.org)

1ª Edição, Global Editora, São Paulo 2014

- JEFFERSON L. ALVES
  Diretor Editorial
- GUSTAVO HENRIQUE TUNA
  Editor Assistente
- ANDRÉ SEFFRIN
  Coordenação Editorial,
  Estabelecimento de Texto,
  Cronologia e Bibliografia
- FLÁVIO SAMUEL
  Gerente de Produção
- JULIA PASSOS
  Assistente Editorial
- FLAVIA BAGGIO
  Revisão
- RETINA 78
  Capa
- EVELYN RODRIGUES DO PRADO
  Projeto Gráfico

A Global Editora agradece à Solombra – Agência Literária pela gentil cessão dos direitos de imagem de Cecília Meireles.

CIP BRASIL. Catalogação na fonte
Sindicato Nacional dos Editores de Livros, RJ

M453a

Meireles, Cecília, 1901-1964
    O Aeronauta / Cecília Meireles ; apresentação Ivo Barroso ; coordenação editorial André Seffrin. – 1.ed. – São Paulo : Global, 2014.

    ISBN 978-85-260-1896-9

    1. Poesia brasileira. I. Barroso, Ivo, 1929- II. Seffrin, André. III. Título.

13-02823
                            CDD: 869.91
                            CDU: 821.134.3(81)-1

Direitos Reservados
**Global Editora e
Distribuidora Ltda.**
Rua Pirapitingui, 111 – Liberdade
CEP 01508-020 – São Paulo – SP
Tel.: (11) 3277-7999 – Fax: (11) 3277-8141
e-mail: global@globaleditora.com.br
www.globaleditora.com.br

*Colabore com a aprodução científica e cultural.
Proibida a reprodução total ou parcial desta obra sem
a autorização do editor.*

Nº de Catálogo: 3386

SUMÁRIO

A CONQUISTA DOS CÉUS PELA PASTORA DE NUVENS –

Ivo Barroso 9

UM [Agora podeis tratar-me] 17

DOIS [Daquele que antes ouvistes,] 19

TRÊS [Eu vi as altas montanhas] 21

QUATRO [Agora chego e estremeço.] 23

CINCO [Como um pastor apascento] 25

SEIS [Vede por onde passava] 27

SETE [E assim no vosso convívio] 29

OITO [Ó linguagem de palavras] 31

NOVE [Eu estava livre de imagens] 33

DEZ [Ai daquele que é chegado] 35

ONZE [Com desprezo ou com ternura,] 37

CRONOLOGIA 39

BIBLIOGRAFIA BÁSICA SOBRE CECÍLIA MEIRELES 47

A conquista dos céus pela pastora de nuvens

Cecília Meireles publicou O *Aeronauta* em 1952 como uma espécie de adendo aos *Doze noturnos da Holanda*. Numa carta datada de 21 de fevereiro daquele ano, endereçada a seu amigo o poeta Abgar Renault, ela anuncia o livro: "os poemas da Holanda vão ser editados logo após o carnaval, junto com *uma outra coisa* [grifo nosso] inspirada pela viagem aérea; vocês verão como perdi aquele famoso medo". Por quê motivo a autora teria juntado num único volume esses dois livros de poemas aparentemente tão diversos em seu significado e em sua feitura? E como definir essa "outra coisa" que a própria Cecília hesita em chamar de poema? De nossa parte, acreditamos que O *Aeronauta* seja bem mais que um simples complemento poético dos *Noturnos*. Seria mesmo o seu antípoda, a outra face, exprimindo uma nova dimensão espacial da autora, egressa de um outro mundo, vivendo em novo estado de espírito. Daí julgarmos que os editores atuais tenham agido com propriedade ao optar por fazer dele um livro autônomo, um volume à parte, cuja edição lhe permite existir por si mesmo sem estar vinculado, geminado, jungido a outra importante obra da autora. Isso porque O *Aeronauta* revela uma conquista ao mesmo tempo pessoal e poética da autora, no sentido de atingir uma poesia ainda mais sutil, mais etérea do que a encontrada em seus livros anteriores, como em especial *Viagem*, cuja intenção temática é semelhante à deste. A oposição que existe entre os *Doze noturnos da Holanda* está ainda no tom dos poemas, pois se Cecília confessa que os primeiros foram escritos à noite (daí o título escolhido), embora reflitam a luminosidade da paisagem holandesa que ela então descortinava, já os poemas de O *Aeronauta* procuram captar uma fosforescência espacial, entre nuvens e abismos, como se escritos em pleno voo, durante uma de suas inúmeras viagens de avião.

Era notório o medo que Cecília tinha de viagens aéreas. Suas primeiras deslocações foram marítimas, mas para vencer as grandes distâncias e as configurações geográficas de seus itinerários pela América Latina, Europa (principalmente os Açores) e a viagem à Índia teria necessariamente de utilizar o transporte de avião. "Por muito tempo o mar foi o meu verdadeiro país", diz ela numa entrevista concedida a Domingos Carvalho da Silva. Mas, por necessidade e por espírito de aventura, ela toma o gosto pelas viagens aéreas e perde o medo de avião. Vai além: nelas encontra uma nova identidade até então desconhecida. "Com certa saudade vejo-me obrigada a confessar que nos ares me vi como em país ainda mais íntimo." Se nos *Doze noturnos da Holanda* ela se sente "dentro de gravuras", presa à paisagem que a circunda, experimentando uma simbiose da vivência ambiental com sua elaboração poética interior, em O *Aeronauta* ela vivencia um novo país, totalmente desligado da realidade, um mundo surrealista, em que sua poesia reflete um estado de alma estratificado, de visitante estrangeiro que vem de regiões remotas e implausíveis.

Ao comparamos os versos dos *Noturnos* com os de O *Aeronauta*, vemos uma oposição até na forma em que foram lavrados. No primeiro, embora haja versos curtos e metrificados (como o belo hendecassílabo de abertura), Cecília dá preferência ao tipo "versículo bíblico", ou seja, ao verso longo, de grande fôlego, alheio à métrica e à rima, guardando apenas seu ritmo pessoal, aquela "vaga música" que iria caracterizar seus poemas não rimados. Mas em O *Aeronauta*, escrito, ao que tudo indica, ao mesmo tempo em que ela compunha os

Noturnos, temos onze poemas de forma quase fixa, ou seja, compostos de quatro estrofes de sete e quatro sílabas terminadas por uma coda de três ou quatro versos (com exceção dos poemas "Dois", "Três" e "Cinco", sem coda), estrofes essas em geral de cinco ou seis versos, exceto nos dois últimos poemas em que se alongam em sete e oito, e no poema "Dez", que apresenta uma coda em duas quadras. Essa volta às formas fixas (versos curtos, isométricos) tem grande significação aqui, principalmente se a considerarmos concomitante ou subsequente à experiência transbordante do verso livre usado nos *Noturnos*. É que a temática de O *Aeronauta* exige – ousamos dizer – uma unidade, um uniforme, um traje especial que caracterize essa viagem de volta de dentro de si mesma depois de experimentar uma nova dimensão existencial. Cecília domou seu medo e, mais que isso, transformou-o em fruição, em experiência, em mergulho e emersão, fazendo tudo isso espelhar num verso cada vez mais trabalhado, mais técnico, mais submisso à sua capacidade de exprimir condições especiais de existência.

Podemos dizer que O *Aeronauta* é a apresentação de um novo ser poético que teve seu embrião em *Viagem*, de 1939. Pois ali havia um percurso metafórico, subjetivo, um passeio por sentimentos e ansiedades, uma investigação interior à procura do conhecimento total de si mesmo:

> Eu canto porque o instante existe
> e a minha vida está completa.
> Não sou alegre nem sou triste:
> sou poeta.[1]

Já em O *Aeronauta*, o ser não se importa com o tratamento que lhe deem; extravasa de sua condição humana e sua busca fica "livre de imagens" e de si mesmo:

---

[1] MEIRELES, Cecília. "Motivo". In: _____. *Viagem*. São Paulo: Global Editora, 2012, p. 20.

Agora podeis tratar-me
como quiserdes:
não sou feliz nem sou triste,
humilde nem orgulhoso,
– não sou terrestre.

Por ter conseguido então permanecer (ainda que precariamente) no espaço, desligado da terra, esse Aeronauta como que se desfaz do próprio corpo e atinge a condição etérea de espírito:

Agora sei que este corpo,
insuficiente, em que assiste
remota fala,
mui docemente se perde
nos ares, como o segredo
que a vida exala.

E seu destino é ir mais longe,
tão longe, enfim, como a exata
alma [...][2]

Essa sublimação do corpo, sua transmutação em estado anímico, se reflete na poesia de Cecília, que atinge aqui momentos de absoluta cristalinidade, de autêntica "poesia pura", ainda que, ao fim, venha sentar-se à nossa mesa, "pesada e presa,/ por limite e densidade".

O leitor versado em arte poética certamente admirará a consumada técnica de Cecília no manejo das rimas toantes, na perícia com que corta (divide) o verso que ameaçava alongar-se, sem com isso perder a harmonia e o equilíbrio da frase, ainda que subjetiva ou hermética.

---

[2] Idem. "Um". In: _____. *O Aeronauta*. São Paulo: Global Editora, 2014, p. 17.

O leitor alheio a essas preocupações formais, porém, será envolvido pela melodia quase diáfana que emana de cada verso e que contrapõe à sua leveza uma densidade de significados que irão facilmente impressionar sua sensibilidade.

Ivo Barroso

O Aeronauta

Um

Agora podeis tratar-me
como quiserdes:
não sou feliz nem sou triste,
humilde nem orgulhoso,
– não sou terrestre.

Agora sei que este corpo,
insuficiente, em que assiste
remota fala,
mui docemente se perde
nos ares, como o segredo
que a vida exala.

E seu destino é ir mais longe,
tão longe, enfim, como a exata
alma, por onde
se pode ser livre e isento,
sem atos além do sonho,
dono de nada,

mas sem desejo e sem medo,
e entre os acontecimentos
tão sossegado!
Agora podeis mirar-me
enquanto eu próprio me aguardo,
pois volto e chego,

por muito que surpreendido
com os seus encontros na terra
seja o Aeronauta.

Dois

Daquele que antes ouvistes,
vede o que volta:
alguém que pisa no mundo
tonto em seu grande tumulto
de concha morta.

Que rostos incompreensíveis,
que sepultadas palavras
aqui me esperam?
Não sei dos vossos motivos.
Eu caminhava nas nuvens,
além da terra.

Na minha fluida memória,
meu tempo não sabe de hora.
Apenas sabe
de grandes campos sem teto.
Nos céus tão vastos e abertos,
que é porta ou chave?

Que corredores me apertam?
De que paredes me cerca
vossa hospedagem?
Que existe por estas salas?
Meu nome agora é diverso.
Indeclinável.

Três

Eu vi as altas montanhas
ficarem planas.
E o mar não ter movimento
e as cidades irem sendo
teias de aranha.

Por mais que houvesse, dos homens,
gritos de amor ou de fome,
não se escutava
nem a expressão nem o grito,
– que tudo fica perdido
quando se passa.

Eu vi meus sonhos antigos
não terem nenhum sentido,
e recordava
tantas nações de cativos
estendendo em seus jazigos
duras garras.

Rios de pranto e de sangue
que pareceram tão grandes,
onde é que estavam?
A asa, que longe se move,
desprende-se, quando sobe,
da humana larva.

Quatro

Agora chego e estremeço.
E olho e pergunto.
E estranho o aroma da terra,
as cores fortes do mundo
e a face humana.

Compreendo, entre o que me espera,
violências que reconheço
mas que não sinto.
Sem paixões e sem desprezo,
gasto-me todo em lembranças,
neste tumulto.

Porque chego despojado
e humilho-me de ter vindo
como estrangeiro;
– de ser apenas um vulto
que tudo que sabe é de alma,
– ao resto, alheio.

As portas dos meus armários,
que guardam dentro? Esqueci-me.
De que me servem?
Por mais que tudo examine,
vejo bem que já não tenho
laços e heranças.

Perdoai-me chegar tão leve,
eu, passageiro
dos céus, de límpido vento.

Cinco

Como um pastor apascento
minhas distâncias.
Mas logo me recupero,
para viver entre os vivos,
que estão cativos.

Meu corpo de esquecimento
mede as torres de abundância,
livres e abertas,
dos seus antigos despojos.
Que hei de fazer do que tinha,
ó sombra minha?

Nem feliz nem desgraçado,
pouso por fatalidade,
e ainda respondo,
embora saiba que é longe
para sempre quanto digo
ao mundo antigo.

E tudo que me respondem
fica também noutras eras,
vem de outra idade.
Pastor que contempla ocasos,
eu mesmo sou o meu caminho,
claro e sozinho.

Seis

Vede por onde passava
a minha sombra,
de tudo tão separada,
subida por uma escada
etérea e longa,
no céu desaparecida.

As coisas da minha vida
abandonara:
o que tivera não tinha,
nem fazia falta à minha
sorte mais nada,
nesse amorável deserto.

E agora desço e estou perto
e não entendo;
entre máscaras me vejo,
e, entre gritos de desejo,
saudoso penso
nos transparentes lugares

onde fui rastro dos ares,
sem roupa ou fome,
sem nação, família, idade,
imerso noutra verdade
tão pura que o homem
não a aceita sem tristeza...

Mas sento-me à vossa mesa,
pesada e presa,
por limite e densidade.

Sete

E assim no vosso convívio
o hóspede novo
sorri como antigo vivo,
ultrapassado, vencido,
o tempo em que foi, na terra
escravo e dono.

E é tão póstumo e tão livre
que cuidadoso
se inclina para quem vive
e no seu mundo invisível
as asas cerra
e pisa o chão com denodo.

E é póstumo e redivivo
e não foi morto
e nunca esteve fugido
nem se evadiu, nem foi visto
desertar de alguma guerra
ou de algum posto.

Nem ele sabe o motivo
de ser outro,
de ter subido em suspiros,
arrebatado à planície
por onde erra
a tradição do seu corpo.

E só por estar convosco
de amor se mata
submisso e mudo o Aeronauta.

Oito

Ó linguagem de palavras
longas e desnecessárias!
Ó tempo lento
de malbaratado vento
nessas desordens amargas
do pensamento...

Vou-me pelas altas nuvens
onde os momentos se fundem
numa serena
ausência feliz e plena,
liso campo sem paludes
de febre ou pena.

Por adeuses, por suspiros,
no território dos mitos,
fica a memória
mirando a forma ilusória
dos precipícios
da humana e mortal história.

E agora podeis tratar-me
como quiserdes, – que é tarde,
que a minha vida,
de chegada e de partida,
volta ao rodízio dos ares,
sem despedida.

Por mais que seja querida,
há menos felicidade
na volta, do que na ida.

Nove

Eu estava livre de imagens
e de mim mesmo.
Alto, longe, tão seguro,
só por solidões suspenso:
Ah, o passageiro absoluto
do eterno tempo!

Deixei de ver o meu rosto
diluído pelas viagens.
Há um rosto imenso
que emerge, fúlgido e obscuro,
retrato exposto
sobre as fábulas e os mitos.

E eu já não dizia nada
pois só é puro
o silêncio, – e exato e claro.
Sempre uma sombra estremece
entre os pensamentos ditos.
E eu não falava.

No rio das nebulosas,
num vertiginoso leito,
tudo se esquece.
Nem o amor no nosso peito
é mais luminosa espada.
Que sois, coisas luminosas,

da terra ou do sonho humano,
nesses caminhos
de divino desengano?

Dez

Ai daquele que é chegado
e que não chega...
Por mais que aqui me equilibre,
e vos faça companhia,
tudo são queixas
de que me sentis tão livre
como alguém cuja morada
é além do dia.

Provo do vosso alimento,
retomo as humanas vestes.
Já nem suspiro
por esses rumos celestes,
jardim do meu pensamento.
Quase não vivo,
por ficar ao vosso lado.
E acusais-me de ir tão alto!

Ai, que nomes têm as coisas!
Que nomes tendes?
São vossas fontes copiosas,
mas outras são minhas sedes.
E assim me vedes
como estranho que se esquece
dos seus parentes
e que em si desaparece.

Do que pedis que me lembre,
disso me esqueço.
Mas o que recordo sempre
é o vosso nome profundo.
Esse é que tenho
só, comigo, além do mundo
e reconheço.
E, esse, mal sabeis qual seja...

Onze

Com desprezo ou com ternura,
podereis tratar-me, agora.
Tudo vos digo:
chorais o que não se chora.
E os olhos guardais esquivos
ao que a vida mais procura,
por eterno compromisso.

Sob o vosso julgamento,
com o meu segredo
tão sem mistério,
tão no rosto desenhado,
paro como um condenado.
E logo volto.
Subo ao meu doce degredo.

Como exígua lançadeira,
vou sendo o que melhor posso
de novo e antigo,
do que é meu e do que é vosso,
dos mortos como dos vivos,
por salvar a vida inteira,
que me tem a seu serviço.

E agora podeis seguir-me,
sem mais tormento,
sem mais perguntas.
Tudo é tão longe e tão firme!
Além da estrela e do vento
passa o Aeronauta
com sua mitologia.

Não clameis por sua sorte!
Tanto é noite quanto é dia.
E vida e morte.

Cronologia

1901

A 7 de novembro, nasce Cecília Benevides de Carvalho Meirelles, no Rio de Janeiro. Seus pais, Carlos Alberto de Carvalho Meirelles (falecido três meses antes do nascimento da filha) e Mathilde Benevides. Dos quatro filhos do casal, apenas Cecília sobrevive.

1904

Com a morte da mãe, passa a ser criada pela avó materna, Jacintha Garcia Benevides.

1910

Conclui com distinção o curso primário na Escola Estácio de Sá.

1912

Conclui com distinção o curso médio na Escola Estácio de Sá, premiada com medalha de ouro recebida no ano seguinte das mãos de Olavo Bilac, então inspetor escolar do Distrito Federal.

1917

Formada pela Escola Normal (Instituto de Educação), começa a exercer o magistério primário em escolas oficiais do Distrito. Estuda línguas e em seguida ingressa no Conservatório de Música.

1919

Publica o primeiro livro, *Espectros*.

1922

Casa-se com o artista plástico português Fernando Correia Dias.

1923

Publica *Nunca mais... e Poema dos poemas*. Nasce sua filha Maria Elvira.

1924

Publica o livro didático *Criança meu amor....* Nasce sua filha Maria Mathilde.

1925

Publica *Baladas para El-Rei*. Nasce sua filha Maria Fernanda.

1927

Aproxima-se do grupo modernista que se congrega em torno da revista *Festa*.

1929

Publica a tese O *espírito vitorioso*. Começa a escrever crônicas para O *Jornal*, do Rio de Janeiro.

1930

Publica o ensaio *Saudação à menina de Portugal*. Participa ativamente do movimento de reformas do ensino e dirige, no *Diário de Notícias*, página diária dedicada a assuntos de educação (até 1933).

1934

Publica o livro *Leituras infantis*, resultado de uma pesquisa pedagógica. Cria uma biblioteca (pioneira no país) especializada em literatura infantil, no antigo Pavilhão Mourisco, na praia de Botafogo. Viaja a Portugal, onde faz conferências nas Universidades de Lisboa e Coimbra.

1935

Publica em Portugal os ensaios *Notícia da poesia brasileira* e *Batuque, samba e macumba*.
Morre Fernando Correia Dias.

1936

Trabalha no Departamento de Imprensa e Propaganda, onde dirige a revista *Travel in Brazil*. Nomeada professora de literatura luso-brasileira e mais tarde técnica e crítica literária da recém-criada Universidade do Distrito Federal, na qual permanece até 1938.

1937

Publica o livro infantojuvenil *A festa das letras*, em parceria com Josué de Castro.

1938

Publica o livro didático *Rute e Alberto resolveram ser turistas*. Conquista o prêmio Olavo Bilac de poesia da Academia Brasileira de Letras com o inédito *Viagem*.

1939

Em Lisboa, publica *Viagem*, quando adota o sobrenome literário Meireles, sem o *l* dobrado.

1940

Leciona Literatura e Cultura Brasileiras na Universidade do Texas, Estados Unidos. Profere no México conferências sobre literatura, folclore e educação. Casa-se com o agrônomo Heitor Vinicius da Silveira Grillo.

1941

Começa a escrever crônicas para *A Manhã*, do Rio de Janeiro.

1942

Publica *Vaga música*.

1944

Publica a antologia *Poetas novos de Portugal*. Viaja para o Uruguai e a Argentina. Começa a escrever crônicas para a *Folha Carioca* e o *Correio Paulistano*.

1945

Publica *Mar absoluto e outros poemas* e, em Boston, o livro didático *Rute e Alberto*.

1947

Publica em Montevidéu *Antologia poética (1923--1945)*.

1948

Publica em Portugal *Evocação lírica de Lisboa*. Passa a colaborar com a Comissão Nacional do Folclore.

1949

Publica *Retrato natural* e a biografia *Rui: pequena história de uma grande vida*. Começa a escrever crônicas para a *Folha da Manhã*, de São Paulo.

1951

Publica *Amor em Leonoreta*, em edição fora de comércio, e o livro de ensaios *Problemas da literatura infantil*.
Secretaria o Primeiro Congresso Nacional de Folclore.

1952

Publica *Doze noturnos da Holanda & O Aeronauta* e o ensaio "Artes populares" no volume em coautoria *As artes plásticas no Brasil*. Recebe o título de Doutora *Honoris Causa* da Universidade de Délhi, na Índia, e o Grau de Oficial da Ordem do Mérito, no Chile.

1953

Publica *Romanceiro da Inconfidência* e, em Haia, *Poèmes*. Começa a escrever para o suplemento literário do *Diário de Notícias*, do Rio de Janeiro, e para O *Estado de S. Paulo*.

1953-1954

Viaja para a Europa, Açores, Índia e Goa.

1955

Publica *Pequeno oratório de Santa Clara, Pistoia, cemitério militar brasileiro* e *Espelho cego*, em edições fora de comércio, e, em Portugal, o ensaio *Panorama folclórico dos Açores: especialmente da Ilha de S. Miguel*.

1956

Publica *Canções* e *Giroflê, giroflá*.

1957

Publica *Romance de Santa Cecília* e *A rosa*, em edições fora de comércio, e o ensaio *A Bíblia na poesia brasileira*. Viaja para Porto Rico.

1958

Publica *Obra poética* (poesia completa). Viaja para Israel, Grécia e Itália.

1959

Publica *Eternidade de Israel*.

1960

Publica *Metal rosicler*.

1961

Publica *Poemas escritos na Índia* e, em Nova Délhi, *Tagore and Brazil*.
Começa a escrever crônicas para o programa *Quadrante*, da Rádio Ministério da Educação e Cultura.

1962

Publica a antologia *Poesia de Israel*.

1963

Publica *Solombra* e *Antologia poética*. Começa a escrever crônicas para o programa *Vozes da cidade*, da Rádio Roquette Pinto, e para a *Folha de S.Paulo*.

1964

Publica o livro infantojuvenil *Ou isto ou aquilo*, com ilustrações de Maria Bonomi, e o livro de crônicas *Escolha o seu sonho*.
Falece a 9 de novembro, no Rio de Janeiro.

1965

Conquista, postumamente, o Prêmio Machado de Assis da Academia Brasileira de Letras, pelo conjunto de sua obra.

Bibliografia básica sobre Cecília Meireles

ANDRADE, Mário de. Cecília e a poesia. In: _____. *O empalhador de passarinho*. São Paulo: Martins, [1946].

_____. Viagem. In: _____. *O empalhador de passarinho*. São Paulo: Martins, [1946].

AZEVEDO FILHO, Leodegário A. de (Org.). Cecília Meireles. In: _____. (Org.). *Poetas do modernismo:* antologia crítica. Brasília: Instituto Nacional do Livro, 1972. v. 4.

_____. *Poesia e estilo de Cecília Meireles:* a pastora de nuvens. Rio de Janeiro: José Olympio, 1970.

_____. *Três poetas de Festa:* Tasso, Murillo e Cecília. Rio de Janeiro: Padrão, 1980.

BANDEIRA, Manuel. *Apresentação da poesia brasileira*. São Paulo: Cosac Naify, 2009.

BERABA, Ana Luiza. *América aracnídea:* teias culturais interamericanas. Rio de Janeiro: Civilização Brasileira, 2008.

BLOCH, Pedro. Cecília Meireles. *Entrevista:* vida, pensamento e obra de grandes vultos da cultura brasileira. Rio de Janeiro: Bloch, 1989.

BONAPACE, Adolphina Portella. O *Romanceiro da Inconfidência:* meditação sobre o destino do homem. Rio de Janeiro: Livraria São José, 1974.

BOSI, Alfredo. Em torno da poesia de Cecília Meireles. In: _____. *Céu, inferno:* ensaios de crítica literária e ideológica. São Paulo: Duas Cidades/Editora 34, 2003.

BRITO, Mário da Silva. Cecília Meireles. In: _____. *Poesia do Modernismo.* Rio de Janeiro: Civilização Brasileira, 1968.

CACCESE, Neusa Pinsard. *Festa:* contribuição para o estudo do Modernismo. São Paulo: Instituto de Estudos Brasileiros, 1971.

CANDIDO, Antonio; CASTELLO, José Aderaldo (Orgs.). Cecília Meireles. *Presença da literatura brasileira 3:* Modernismo. 2. ed. São Paulo: Difusão Europeia do Livro, 1967.

CARPEAUX, Otto Maria. Poesia intemporal. In: _____. *Ensaios reunidos:* 1942-1978. Rio de Janeiro: UniverCidade/Topbooks, 1999.

CASTELLO, José Aderaldo. O Grupo Festa. In: _____. *A literatura brasileira:* origens e unidade. São Paulo: EDUSP, 1999. v. 2.

CASTRO, Marcos de. Bandeira, Drummond, Cecília, os contemporâneos. In: _____. *Caminho para a leitura.* Rio de Janeiro: Record, 2005.

CAVALIERI, Ruth Villela. *Cecília Meireles:* o ser e o tempo na imagem refletida. Rio de Janeiro: Achiamé, 1984.

COELHO, Nelly Novaes. Cecília Meireles. In: _____. *Dicionário crítico da literatura infantil e juvenil brasileira.* São Paulo: Nacional, 2006.

_____. Cecília Meireles. In: _____. *Dicionário crítico de escritoras brasileiras:* 1711-2001. São Paulo: Escrituras, 2002.

_____. O "eterno instante" na poesia de Cecília Meireles. In: _____. *Tempo, solidão e morte.* São Paulo: Conselho Estadual de Cultura/Comissão e Literatura, 1964.

_____. O eterno instante na poesia de Cecília Meireles. In: _____. *A literatura feminina no Brasil contemporâneo.* São Paulo: Siciliano, 1993.

CORREIA, Roberto Alvim. Cecília Meireles. In: _____. *Anteu e a crítica:* ensaios literários. Rio de Janeiro: José Olympio, 1948.

DAMASCENO, Darcy. *Cecília Meireles:* o mundo contemplado. Rio de Janeiro: Orfeu, 1967.

_____. *De Gregório a Cecília.* Organização de Antonio Carlos Secchin e Iracilda Damasceno. Rio de Janeiro: Galo Branco, 2007.

DANTAS, José Maria de Souza. *A consciência poética de uma viagem sem fim:* a poética de Cecília Meireles. Rio de Janeiro: Eu & Você, 1984.

FAUSTINO, Mário. O livro por dentro. In: _____. *De Anchieta aos concretos.* Organização de Maria

Eugênia Boaventura. São Paulo: Companhia das Letras, 2003.

FONTELES, Graça Roriz. *Cecília Meireles:* lirismo e religiosidade. São Paulo: Scortecci, 2010.

GARCIA, Othon M. Exercício de numerologia poética: paridade numérica e geometria do sonho em um poema de Cecília Meireles. In: _____. *Esfinge clara e outros enigmas:* ensaios estilísticos. 2. ed. Rio de Janeiro: Topbooks, 1996.

GENS, Rosa (Org.). *Cecília Meireles:* o desenho da vida. Rio de Janeiro: Setor Cultural/Núcleo Interdisciplinar de Estudos da Mulher na Literatura/UFRJ, 2002.

GOLDSTEIN, Norma Seltzer. *Roteiro de leitura: Romanceiro da Inconfidência* de Cecília Meireles. São Paulo: Ática, 1988.

GOUVÊA, Leila V. B. *Cecília em Portugal:* ensaio biográfico sobre a presença de Cecília Meireles na terra de Camões, Antero e Pessoa. São Paulo: Iluminuras, 2001.

_____ (Org.). *Ensaios sobre Cecília Meireles*. São Paulo: Humanitas/FAPESP, 2007.

_____. *Pensamento e "lirismo puro" na poesia de Cecília Meireles*. São Paulo: EDUSP, 2008.

GOUVEIA, Margarida Maia. *Cecília Meireles:* uma poética do "eterno instante". Lisboa: Imprensa Nacional/ Casa da Moeda, 2002.

_____. *Vitorino Nemésio e Cecília Meireles:* a ilha ancestral. Porto: Fundação Engenheiro António de

Almeida; Ponta Delgada: Casa dos Açores do Norte, 2001.

HANSEN, João Adolfo. Solombra *ou A sombra que cai sobre o eu*. São Paulo: Hedra, 2005.

LAMEGO, Valéria. *A farpa na lira:* Cecília Meireles na Revolução de 30. Rio de Janeiro: Record, 1996.

LINHARES, Temístocles. Revisão de Cecília Meireles. In: _____. *Diálogos sobre a poesia brasileira*. São Paulo: Melhoramentos, 1976.

LÔBO, Yolanda. *Cecília Meireles*. Recife: Massangana/ Fundação Joaquim Nabuco, 2010.

MALEVAL, Maria do Amparo Tavares. Cecília Meireles. In: _____. *Poesia medieval no Brasil*. Rio de Janeiro: Ágora da Ilha, 2002.

MANNA, Lúcia Helena Sgaraglia. *Pelas trilhas do* Romanceiro da Inconfidência. Niterói: EDUFF, 1985.

MARTINS, Wilson. Lutas literárias (?). In: _____. *O ano literário:* 2002-2003. Rio de Janeiro: Topbooks, 2007.

MELLO, Ana Maria Lisboa de (Org.). *A poesia metafísica no Brasil:* percursos e modulações. Porto Alegre: Libretos, 2009.

_____ (Org.). *Cecília Meireles & Murilo Mendes (1901--2001)*. Porto Alegre: Uniprom, 2002.

_____; UTÉZA, Francis. *Oriente e ocidente na poesia de Cecília Meireles*. Porto Alegre: Libretos, 2006.

MILLIET, Sérgio. *Panorama da moderna poesia brasileira.* Rio de Janeiro: Ministério da Educação e Saúde/ Serviço de Documentação, 1952.

MOISÉS, Massaud. Cecília Meireles. In: _____. *História da literatura brasileira:* Modernismo. São Paulo: Cultrix, 1989.

MONTEIRO, Adolfo Casais. Cecília Meireles. In: _____. *Figuras e problemas da literatura brasileira contemporânea.* São Paulo: Instituto de Estudos Brasileiros, 1972.

MORAES, Vinicius de. Suave amiga. In: _____. *Para uma menina com uma flor.* Rio de Janeiro: Editora do Autor, 1966.

MOREIRA, Maria Edinara Leão. *Estética e transcendência em* O estudante empírico, *de Cecília Meireles.* Passo Fundo: Editora da Universidade de Passo Fundo, 2007.

MURICY, Andrade. Cecília Meireles. In: _____. *A nova literatura brasileira:* crítica e antologia. Porto Alegre: Globo, 1936.

_____. Cecília Meireles. In: _____. *Panorama do movimento simbolista brasileiro.* 2. ed. Brasília: Conselho Federal de Cultura/Instituto Nacional do Livro, 1973. v. 2.

NEJAR, Carlos. Cecília Meireles: da fidência à Inconfidência Mineira, do *Metal rosicler* à *Solombra.* In: _____. *História da literatura brasileira:* da carta de Caminha aos contemporâneos. São Paulo: Leya, 2011.

NEMÉSIO, Vitorino. A poesia de Cecília Meireles. In: _____. *Conhecimento de poesia*. Salvador: Progresso, 1958.

NEVES, Margarida de Souza; LÔBO, Yolanda Lima; MIGNOT, Ana Chrystina Venancio (Org.). *Cecília Meireles:* a poética da educação. Rio de Janeiro: Pontifícia Universidade Católica; São Paulo: Loyola, 2001.

OLIVEIRA, Ana Maria Domingues de. *Estudo crítico da bibliografia sobre Cecília Meireles*. São Paulo: Humanitas/USP, 2001.

PAES, José Paulo. Poesia nas alturas. In: _____. *Os perigos da poesia e outros ensaios*. Rio de Janeiro: Topbooks, 1997.

PARAENSE, Sílvia. *Cecília Meireles:* mito e poesia. Santa Maria: UFSM, 1999.

PEREZ, Renard. Cecília Meireles. In: _____. *Escritores brasileiros contemporâneos – 2ª série*: 22 biografias, seguidas de antologia. 2. ed. revista e atualizada. Rio de Janeiro: Civilização Brasileira, 1971.

PICCHIO, Luciana Stegagno. A poesia atemporal de Cecília Meireles, "pastora das nuvens". In: _____. *História da literatura brasileira*. Rio de Janeiro: Nova Aguilar, 1997.

PÓLVORA, Hélio. Caminhos da poesia: Cecília. In: _____. *Graciliano, Machado, Drummond & outros*. Rio de Janeiro: Francisco Alves, 1975.

RAMOS, Péricles Eugênio da Silva. *Solombra*. In: _____. *Do Barroco ao Modernismo:* estudos de poesia brasileira. 2. ed. revista e aumentada. Rio de Janeiro: Livros Técnicos e Científicos, 1979.

RICARDO, Cassiano. *A Academia e a poesia moderna.* São Paulo: Revista dos Tribunais, 1939.

RÓNAI, Paulo. O conceito de beleza em *Mar absoluto.* In: _____. *Encontros com o Brasil.* 2. ed. Rio de Janeiro: Batel, 2009.

_____. Uma impressão sobre a poesia de Cecília Meireles. In: _____. *Encontros com o Brasil.* 2. ed. Rio de Janeiro: Batel, 2009.

SADLIER, Darlene J. *Cecília Meireles & João Alphonsus.* Brasília: André Quicé, 1984.

_____. *Imagery and Theme in the Poetry of Cecília Meireles:* a study of *Mar absoluto.* Madrid: José Porrúa Turanzas, 1983.

SECCHIN, Antonio Carlos. Cecília: a incessante canção. In: _____. *Escritos sobre poesia & alguma ficção.* Rio de Janeiro: EdUERJ, 2003.

_____. Cecília Meireles e os *Poemas escritos na Índia.* In: _____. *Memórias de um leitor de poesia & outros ensaios.* Rio de Janeiro: Topbooks/Academia Brasileira de Letras, 2010.

_____. O enigma Cecília Meireles. In: _____. *Memórias de um leitor de poesia & outros ensaios.* Rio de Janeiro: Topbooks/Academia Brasileira de Letras, 2010.

SIMÕES, João Gaspar. Cecília Meireles: *Metal rosicler.* In: _____. *Crítica II:* poetas contemporâneos (1946--1961). Lisboa: Delfos, s/d.

VERISSIMO, Erico. Entre Deus e os oprimidos. In: _____. *Breve história da literatura brasileira*. São Paulo: Globo, 1995.

VILLAÇA, Antonio Carlos. Cecília Meireles: a eternidade entre os dedos. In: _____. *Tema e voltas*. Rio de Janeiro: Hachette, 1975.

YUNES, Eliana; BINGEMER, Maria Clara L. (Org.). *Murilo, Cecília e Drummond:* 100 anos com Deus na poesia brasileira. Rio de Janeiro: Pontifícia Universidade Católica; São Paulo: Loyola, 2004.

ZAGURY, Eliane. *Cecília Meireles*. Petrópolis: Vozes, 1973.